Moi, Saffron

Ma Première Année

'comme raconté à'

David Greaves

Publié pour la première fois en Grande-Bretagne en 2022

Droits d'auteur © David Greaves

Le droit moral de cet auteur a été revendiqué.

Conception, composition et édition par UK Book Publishing

www.ukbookpublishing.com

ISBN: 978-1-916572-20-1

Moi, Saffron

Ma Première Année

Chapitre 1:
A propos de moi

J e me présente : je suis un Cocker anglais (femelle), née près de La Rochelle en Charente- Maritime, de deux magnifiques parents. Je suis "noir et feu", donc bicolore avec principalement du noir, et des nuances de marron sur mon ventre, mes pattes et mon visage – comme mon père en fait. Je suis issue d'une portée de cinq soeurs. J'étais la plus grande et la première a quitter le cercle familial. Ceci dit, je suis plutôt calme, sage, et très amicale avec les humains, particulièrement les plus petits.

Ma mère Olympe est complètement noire et un peu fofolle ! Elle était très marrante et pouvait faire de superbes pirouettes en l'air (apparemment peu de chiens en sont capables...). Elle s'est bien occupée de mes sœurs et moi lorsque que nous étions bébés, mais après, elle semblait un peu désintéressée, et a repris son quotidien de chien insouciant.

Mon père, au contraire, était très attentif, jusqu'au moment où je suis partie avec mes nouveaux propriétaires. Nous sommes semblables aussi bien physiquement qu'en terme de caractère, selon mon éleveuse.

Mes parents étaient donc adorables et beaux (ils ont tous les deux obtenu des prix) et ont certainement fait de moi la chienne que je suis aujourd'hui. Ceci dit, mon temps passé à leurs cotés était plutôt court, avant que je parte vivre avec ma nouvelle famille.

Je les avais rencontré une fois avant, et ils semblaient sympas, me laissant leur grimper dessus et leur lécher le visage. Mais le jour où j'ai quitté ma maison, dans leur voiture, je n'avais aucune idée de ce qu'allait être la suite de mon histoire.

Mes nouveaux propriétaires étaient deux humains, très intéressés par moi. Sur le trajet de mon nouveau chez moi, je me suis installée sur les genoux de la femme, pendant que lui conduisait. C'était plutôt calme et je n'étais pas trop nerveuse étant donné que je les connaissais un petit peu déjà. La journée était chaude. C'était le mois de juin, et une heure plus tard nous étions arrivés. Lorsqu'ils ont ouvert la porte de la voiture, et m'ont mis sur la pelouse, je me suis dit " Waou, tout cet espace pour courir et explorer!" Même si j'étais encore petite, je me sentais à l'aise dans ce nouveau cadre, et commençais à renifler dans tous les sens. Il y avait plein de nouvelles odeurs - de la menthe, des figues, de la glycine - tellement que je ne me rappelle plus de deux heures qui ont suivi! Après l'ouverture des portes de la cuisine, je me suis reposée sur le carrelage bien frais. Ce couple avait tout préparé pour moi : des gamelles, des lits confortables et des jouets qui couinent. C'était très bien, mais je me suis demandée, est-ce que je vais les aimer?

Alors elle, elle semble adorable. Elle me parle de manière gentille et enjouée, avec beaucoup d'affection. En plus, elle s'occupe bien de moi, me brosse les poils lorsqu'ils sont plein d'herbe ou de plantes collantes (même quand je gigote), et me donne les médicaments que je dois prendre pendant ma première année. Elle joue avec moi, même aux jeux un peu idiots, que j'apprécie tant. Donc j'aime être toujours à ses cotés, jour et nuit, et je m'inquiète lorsqu'elle n'est pas près de moi. Je suppose que l'on pourrait dire qu'elle est devenue comme une mère pour moi - la personne la plus importante dans ma vie.

Lui, c'est aussi un chic type. Il fait très attention à moi et répond à tous mes besoins: repas, ballades, jeux. Je peux compter sur lui pour me donner un peu de sa nourriture lorsqu'il est à table, et il est prêt à se mettre à quatre pattes pour jouer avec moi et prête main forte pendant ma toilette. Et c'est aussi lui qui s'occupe de moi lorsque nous mangeons au restaurant. Il s'assure que je n'embête personne, que je ne m'emmêle pas la laisse dans les pieds des chaises ou que j'ai toujours de quoi m'occuper.

Donc dans l'ensemble, c'est plutôt pas mal, j'ai de la chance qu'ils m'aiment tous les deux, et s'occupent bien de moi. Je les aime aussi et pense être chanceuse d'être tombée sur eux : je mène la belle vie!

Je reviendrai sur eux un peu plus tard plus en détail, mais ce que j'ai remarqué très vite, c'est qu'ils ne restent jamais très longtemps au même endroit, et donc au début j'étais un peu perplexe. Par exemple, au départ, nous étions dans une belle maison de campagne avec un énorme jardin pour gambader, et quelques mois plus tard, après un long trajet en voiture, nous étions dans

une très grande ville, Paris ! Avouez,
qu'avec tout ça, il y a de quoi être perdu
! Contrairement à ce qu'on pourrait
penser, la ville ce n'était pas si mal que
ça, mais avant de revenir là dessus, je
veux vous parler de notre maison de
campagne.

Chapitre 2:
Ma Maison de campagne

Ce que j'aime le plus à la campagne, ce sont les bruits et les odeurs! De manière générale c'est assez calme, mais les oiseaux chantent beaucoup et j'entends les aboiements d'autres chiens au loin à travers les champs. Puis il y a beaucoup d'espace car les champs entourent la maison. Il y a aussi une grande pente et des escaliers qui descendent vers un grand champ bordé d'un ruisseau qui coule en contrebas.

Je n'avais que dix semaines lorsque je suis arrivée ici, donc je ne m'étais pas aventurée très loin, mais là je connais le terrain par cœur! Je me suis même aventurée dans les champs voisins à plusieurs reprises, mais mes maîtres, inquiets, n'étaient pas très contents et sont venus me chercher. Ce n'est pas vraiment nécessaire car je sais toujours retrouver le chemin de la maison. Ils ont quand même préféré installer une clôture. Cela ne m'empêche pourtant de passer par le ruisseau quand l'envie d'explorer me prends ! Et quand c'est le cas, je reviens avec le pelage couvert de branches et d'herbes. A mon retour, je dois donc prendre un bain, et ça, ça ne me plaisait pas beaucoup au début. Maintenant que je m'y suis habituée, je dois dire que c'est quand même assez agréable. Je sais que c'est pour mon bien et j'aime quand mon apparence est soignée ! Ceci dit, cela ne m'empêche de me salir à nouveau le lendemain !

Presque tous les jours, nous partons nous promener. Au début je suis tenue en laisse. Pourquoi ? Je n'en suis pas certaine, mais je suppose qu'ils ont peur que je me fasse écraser par un tracteur ou une voiture. Au bout de quelques temps, nous nous éloignons de la route, pour aller sur les chemins au milieu des vignes et les champs de tournesols, et là je peux courir en toute liberté! J' adore ces promenades, et parfois je m'éloigne de mes maîtres, surtout si je renifle l'odeur d'un lièvre ou celle d'un faisan! J'admets que dans ces moments là, j'oublie tout. Je ne pense qu'à poursuivre de l'odeur, et j'en oublie presque l'existence de mes maîtres, parfois pendant une heure! J'essaye de rester auprès d'eux et revenir lorsqu'ils m'appellent, mais parfois c'est plus fort que moi. Même une friandise ne me distrait pas. Après tout, c'est dans la nature de mon espèce.

Chez moi, j'ai plusieurs endroits où j'aime me reposer, et chez moi il y a pleins d'endroits pour ça ! Il y une partie de terrain surélevé devant la maison, juste devant la cuisine, d'où je peux voir ce qu'on font mes maîtres à l'intérieur, tout en profitant d'une belle vue sur les champs. Je vois aussi parfois passer les chats des voisins qui se permettent de venir chez moi ! Je les chasse rapidement. Ces voisins ont aussi deux gros chiens qui sont lents, et qui aboient beaucoup. Au début, ils me faisaient un peu peur car ils ont l'air féroces, mais finalement maintenant que l'on se connaît, nous avons une entente amicale, tant que chacun reste de son coté de la clôture! Je suis encore en train d'apprendre à cerner les dangers mais je pense que mes maîtres s'inquiètent parfois un peu trop.

A plusieurs reprises, ils m'ont emmené à la plage. J'ai beaucoup aimé courir et creuser des trous dans le sable, mais en ce qui concerne la mer, j'ai trouvé cela effrayant. C'est tellement vaste et le bruit de l'écrasement des vagues me fait peur. Pourtant je voulais me mouiller et me rafraîchir, mais je n'avais pas eu le courage de rentrer dans l'eau avec toutes ces vagues! Je vois tous ces enfants jouaient dedans et ça l'air quand même très amusant - peut être que je tenterai l'expérience l'année prochaine.

A la maison, dont je ne vous ai pas encore parlé, il fait bien frais, avec des murs épais en pierre. Il y a plusieurs salles en haut et en bas, et je peux me balader et dormir où je veux ! Il y a plusieurs lits pour chien, mais je préfère toujours dormir sur le lit avec eux, ou avec l'un d'entre s'il y a des ronflements. J'avoue que je ronfle aussi, mais pas autant que lui. C'est super de pouvoir aller où je veux. Je sais que ce n'est pas le cas de tous les chiens, mais je pense que c'est parce que je suis sympa et je fais toujours mes besoins dehors.

J'aime beaucoup quand il y a de la visite à la maison. Cela me plait de voir du monde et leur montrer qui je suis. Parfois ils viennent avec d'autres chiens et nous pouvons jouer, ce qui est très sympa surtout lorsqu'on apprend à se connaître un peu. Les humains ont tendance à s'asseoir, discuter et manger. Il arrive souvent qu'il y ait des petits morceaux qui tombent par terre et à ce moment là, j'en profite! D'ailleurs, je surveille de très près ce qu'il mangent en espérant qu'on m'en donne un bout, ce qui est souvent le cas. Ils font quand même attention à mon poids en me pesant toutes les semaines.

Voilà je vous ai tout dit sur la maison de campagne. Nous allons souvent à Paris en faisant des allers - retours, et je ne sais pas trop pourquoi. Laissez moi vous raconter un peu plus sur Paris, car c'est beaucoup mieux que ce que je pensais !

Chapitre 3:
Paris

Paris est un endroit souvent bruyant avec beaucoup de monde, de bouchons, de sirènes, de cris et du tapage. Du coup, je suis souvent sur mes gardes, curieuse de ce qui se passe autour de moi. Les trottoirs sales dérangent mes propriétaires plus que moi. Il est vrai que j'ai souvent la truffe collée au sol cherchant quelque chose à manger, et il y a beaucoup d'odeurs intéressantes comme celles d'autres chiens qui sont passés par là avant moi.

Le passage des voitures est constant, ça les inquiète beaucoup. J'essaye de patienter afin de traverser la route sur les passages piétons mais c'est difficile lorsqu'il y a un autre chien de l'autre coté que je veux rencontrer ! Dans ces cas là, je bondi en avant et je me fais gronder!

La même chose se produit lorsque nous passons devant mes cafés et restaurants préférés. Il y en a certains, où je suis déjà allée plusieurs fois et où on me connaît bien. Je n'arrive pas à résister, surtout quand on m'accueille chaleureusement, et souvent, j'y trouve quelques miettes par terre. Et puis il y'a beaucoup de gens. J'adore les gens! J'aime aller les voir pour voir comment ils sont, et s'ils m'aiment bien. Je pense être amicale et j'aime quand les autres le sont aussi, et de manière générale c'est le cas. C'est une des choses qui me plaît le plus à Paris.

Une autre chose - il y a beaucoup d'autres chiens ! Chaque fois que l'on sort, j'en rencontre plein. Certaines rencontres sont courtes, et on se renifle rapidement. Mais d'autres fois on m'enlève la laisse et je fonce gambader avec eux. C'est exaltant, et après je suis prête à boire un grand bol d'eau et faire la sieste. J'aime renouveler cette expérience autant de fois possible. C'est très different de la campagne où tous les chiens sont attachés et les gens les sortent plus rarement.

A Paris il y a plein d'espaces verts à découvrir. Mon préféré est le Champ de Mars qui s'étend au pied de la Tour Eiffel. Là, il y a des parties où je peux courir sans laisse et renifler à cœur joie. Même si en théorie, c'est interdit. Mais on le fait quand même, et je rencontre d'autres chiens de toutes tailles, certains sympas, et d'autres moins. J'ai appris à me préserver et suis plutôt tranquille de manière générale. Je les laisse me renifler pour mieux faire ma rencontre, et parfois je me mets sur mon dos afin de leur montrer que je suis réceptive et non-agressive. En revanche, si je n'aime pas ce que fait l'autre chien, je suis tout à fait capable de me défendre. Tout cela vient avec l'expérience, et à Paris, j'en gagne beaucoup.

En ce qui concerne où nous habitons, et bien, c'est plutôt sympa, mais nous devons prendre l'ascenseur afin de monter au troisième étage. Je me sens prisonnière dans la cage d'ascenseur, et je me faufile dès que la porte s'ouvre pour en sortir le plus tôt possible. Une fois arrivée en haut, dans l'appartement, je grimpe sur le dossier du canapé et observe tout ce qui se passe dans la rue en dessous par la fenêtre. Il y a des camionnettes, des bus, des cyclistes et des mobylettes. Ça m'amuse beaucoup toute cette agitation sous la fenêtre!

Même si mes humains prennent bien soin de moi, cela m'est arrivé de tomber malade. Une fois parce que j'avais dû manger quelque chose que je n'aurai pas dû. Je suis donc allée chez le vétérinaire qui m'a fait une piqûre qui m'a fait hurler. Mais ça a marché. La deuxième fois c'est quand un bout d'herbe très pointu s'était logé dans mon oreille pendant une balade et impossible de l'enlever. Ils ont dû appeler un vétérinaire en urgence au milieu de la nuit! Je ne sais pas ce qui s'est passé ensuite puisque j'ai été endormie pendant qu'il me l'a enlevé. Le lendemain je me suis levée comme si rien n'était et je n'avais plus mal. Je suis sûre que je peux remercier mes propriétaires pour ça.

Chapitre 4:

Mes choses

préférées

Et maintenant, les choses que je préfère au dessus de tout. Renifler bien sûr, comme je vous en ai déjà parlé. C'est une caractéristique de ma race, donc c'est plus fort que moi. Mais j'aime également mâcher et mordre. Pas leurs chaussures ou leurs câbles, ou toutes ces autres choses qui pourraient traîner à la maison. Pour ça je suis plutôt sage. Ce que j'adore, c'est de trouver des branches ou des brindilles, et les démolir! En dehors de renifler et mâcher, j'aime aussi les balades. Cela me permet de découvrir le monde, et j'aime bien voir ce qui se passe dans les alentours. Il est vrai que l'on rencontre souvent d'autres chiens, mais il y'a plus à faire que cela. Des ouvriers, des enfants qui vont à l'école, des cafés qui ouvrent le matin, des arrosoirs automatiques... Je trouve cela passionnant, et j'aime bien m'arrêter, regarder et apprendre.

Et j'aime aussi qu'on me caresse le ventre.

Maintenant que vous me connaissez mieux, je voulais ajouter quelques commentaires sur ce qu'on dit des Cockers, et moi plus particulièrement parce que les stéréotypes ne sont que pas tous forcément vrais.

D'abord on dit que je suis mignonne, mais qu'est ce que ça veut dire 'mignonne'? Oui, je suis plutôt agréable à regarder, et gentille, cela veut donc dire que je suis mignonne? J'aimerais penser que je suis plus que cela. Ensuite, ils disent que je suis intelligente. Beaucoup de chiens sont intelligents dans la mesure où on apprend vite, et nous nous adaptons à différentes situations. Et puis on dit aussi que je suis belle, et j'imagine que beaucoup de femelles doivent vivre avec ce descriptif. Avec un long visage, de grands yeux, et un beau poil, il est vrai que je suis agréable à regarder. En revanche mon long poil n'est pas facile à entretenir, et s'emmêle très facilement. Mais j'accepte que je suis plutôt une belle chienne. Les gens m'arrêtent dans la rue pour me le faire remarquer, ou demander de se faire prendre en photo avec moi, donc cela doit être vrai!

Gourmande, c'est une autre façon que l'on a de décrire mon espèce. Ce n'est pas faux. Je cherche toujours quelque chose à chiper, et ça peut être embêtant quand on sort au restaurant. La vérité, c'est que j'aime bien manger et j'ai du mal à me contenter de mes croquettes, même si mes humains me rajoutent parfois des légumes ou des miettes de poisson. Je sais que je dois faire attention, parce que, à Paris, je croise parfois un autre cocker qui ressemble plus à un cochon, parce que son propriétaire est incapable de lui dire 'non'.

Et ensuite il y a 'sensible'. C'est dur à décrire mais je pense savoir ce que ressentent les autres. Il y a eu plusieurs fois où lui (monsieur mon propriétaire) semble triste pour une raison ou une autre, et je fais de mon mieux pour le réconforter. Je me blottis contre lui, et je suis tendre car je sens qu'il en a besoin.

Et voilà c'est tout pour le moment.

Si vous avez aimé lire mon histoire jusqu'à présent, je vous ferai le récit de ma deuxième année.

Vous pouvez m'écrire à SaffrondeFleac@gmail.com.

Bisous, Saffron